悪魔のレシピ

demoniac decadant eggs

卵伝説

ロー・タチバナ

卵は最強

本書のきまりごと

●小さじ1は5㎖、大さじ1は15㎖、
1カップは200㎖です。

●電子レンジを使う場合は
500Wを目安にしています。

●材料が複数人分の場合でも、写真は
1人分の盛り付けにしていることがあります。

●材料は作り方に登場する順に
記載してあります。

●作り方の調理時間はあくまでも目安です。
お使いの調理器具により
前後する場合がありますので、
様子を見ながら調節してください。

CONTENTS

揃いも揃った卵料理、または卵をふんだんに使った45品のレシピ。
スタンダードな定番料理をローさんならではの感性でにアレンジしたものから、
日本では馴染みがない世界の料理まで、万能食材「卵」を楽しんでください。

ぜひ作ってね!

cadant eggs

demoniac de

卵の可能性を限界突破する

ガチの卵レシピをご覧あれ

悪魔のレシピ
卵伝説　ロー・タチバナ

今回のレシピは題材が卵ということで、シンプルな食材だからこそ
盛り付けやアレンジには必要以上にこだわって、いつもよりちょっとデコラティブ。
最初、卵で45品って聞いた時には気絶しそうになりましたけど、
やってみたらシリーズ最高傑作に仕上がりました！ 毎回言ってるけど。

[材料] 1人分

ミックスチーズ…5g	塩…1つまみ
玉ねぎ…1g	バター…5g
芽ねぎ…少々	黒コショウ…適量
卵…1個	パプリカパウダー…適量
生クリーム…大さじ1	

熱したフライパンにミックスチーズを入れ、両面カリカリになるまで焼いたら取り出しておく。

玉ねぎをみじん切りに、芽ねぎを2cm程度の長さに切る。

溶き卵に生クリーム、塩を加えて卵液を作る。熱したフライパンにバターを引き、ごく弱火で卵液をとろとろのスクランブルエッグにする。

卵液に使った卵の殻に3を入れて器に盛り付ける。2とコショウ、パプリカパウダーをあしらったら、適当なサイズに割った1を添える。

ローさんのワンポイント
卵の殻割りはAmazonとかでも安く売っています！ が、包丁の刃の持ち手側の角を使って、コツコツ割っていくのでもOK！

卵映え10選
PHOTOGENIC DISHES

土台は塩で
固定できる！

RECIPE_01

とろとろクリーミーな
ウッフブルイエ

クリーミーなフランス風スクランブルエッグを
卵の殻に盛り付けるだけで超絶オシャレなひと品に。
もはや自宅が高級フレンチの世界観！

RECIPE_02

シャレオツのフルスイング
アボカドエッグ

とりあえずアボカドを使っとけばオシャレカフェっぽくなーる。
濃厚×濃厚の組み合わせなので、お酒もすすむわ、
パンも欲しくなるわでタマランチ会長ですよね。

ローさんのワンポイント

くり抜いたアボカドは一緒に添えといて、SNS用にいったん写真を撮った後に混ぜてもいいし、他の料理に活用しても◎。

[材料] 2人分

アボカド…1個	EXVオリーブオイル…少々
卵…2個	ディル…適量
ベーコン…20g	パルミジャーノ・レッジャーノ
塩…2つまみ	（粉チーズでも可）…適量
黒コショウ…適量	パプリカパウダー…適量

1

半分に割って種を取ったアボカドの中身を少しだけくり抜いて穴を大きくしたら、卵を流し入れベーコンをのせる。

▼

2

1をオーブントースターで白身に火が通るまで焼いたら器に盛る。塩、黒コショウ、オリーブオイルを振りかけ、ディル、パルミジャーノ、パプリカパウダーをあしらう。

[材料] 1人分

ピクルス…30g
玉ねぎ…30g
ディル…少々
イタリアンパセリ…少々
塩…小さじ1/8
黒コショウ…小さじ1/8
白ワインビネガー…大さじ1/2
EXVオリーブオイル…大さじ1

好みのパン…1切れ
クリームチーズ…40g
ベビーリーフ…適量
スモークサーモン…3枚
ゆで卵…1個
イクラ…20g
とびっこ…20g

1

ピクルス、玉ねぎ、ディル、イタリアンパセリをみじん切りにし、塩、黒コショウ、白ワインビネガー、オリーブオイルと和える。

▼

2

軽く焼いたパンにクリームチーズを塗り、その上に**1**を敷いたら器にのせる。ベビーリーフ、スモークサーモン、ゆで卵をのせたらイクラ、とびっこをあしらい、塩・コショウ（分量外）を振る。

ローさんのワンポイント
ライ麦パンとかの黒っぽいパンを使うと、より見栄えが良くなるのでおすすめ。最近はスーパーでも売っていますよ！

RECIPE_03

卵だらけのパラダイス
海と大地のオープンサンド

鶏卵に魚卵を2種で卵だらけ、まさに卵好きの天国。
クリームチーズのコクとピクルスの酸味が抜群の相性！
え？　食べづらい？　まあまあ、それはそれとして。

PHOTOGENIC DISHES ｜ たまご映え10選

I LOVE 卵

具だくさんの玉手箱 ウッフココット

半熟状の卵にスプーンを入れると
中からゴロゴロと具材が出てくる楽しさがGOOD。
卵は軟らかめに仕上げるのがコツ。

[材料] 2人分

マッシュルーム…4個

ベーコン…40g

ししとう…2本

エシャロット…2本

にんにく…2片

バター…10g

生クリーム…50㎖

コンソメ…小さじ1/8

黒コショウ…適量

塩…少々

ガーキンピクルス
（みじん切り）…大さじ1

卵…2個

イタリアンパセリ
（みじん切り）…少々

パルミジャーノ・レッジャーノ
（粉チーズでも可）…適量

グリッシーニ…2本

とろとろこそ正義

石づきを落としたマッシュルームを
1/4に切る。ベーコンは1cm程度の
角切りに、ししとうはヘタを取って
輪切りに、エシャロットとにんにく
はみじん切りにする。

熱したフライパンにバターを引いた
ら1を加えて炒め、食材に火を通す。

2のフライパンに生クリーム、コン
ソメ、黒コショウを加え、軽くとろ
っとするまで炒め煮にしたら塩で味
を調える。

3にピクルスを加えたものをココッ
トに入れ、その上に卵を流し入れた
らオーブントースターで白身が半熟
状になるまで加熱する。

白身に火が入ったら取り出し、イタ
リアンパセリ、パルミジャーノ、黒
コショウをあしらってグリッシーニ
を添える。

ローさんのワンポイント

アルカリ性のソースの中に酸性
のピクルスを忍ばせて中和する
ことで、より旨味を感じやすく
仕上げた化学料理であります。

[材料] 2人分

スナップえんどう…20g
きゅうり…40g
玉ねぎ…30g
にんじん…20g

Ⓐ
マヨネーズ…大さじ1
白ワインビネガー
…小さじ1/8
塩…1つまみ
黒コショウ…適量

ゆで卵…1個
黒コショウ…適量
パプリカパウダー…適量

ローさんのワンポイント
黄身で作るミモザはこの料理だけじゃなく、どんな料理でももれなく映えさせるのでいろいろと試してみてくださいましね。

スナップえんどうのスジを取り、湯通しして火を入れたらみじん切りにする。きゅうり、玉ねぎ、にんじんもみじん切りにする。

1をボウルに入れ、Ⓐを加えて混ぜ合わせる。

ゆで卵を縦半分に切って黄身を取り出したら、網などを使ってスプーンで押し出してミモザ状にする。

3の白身に2をたっぷりのせたら器に盛り、3をかける。最後に黒コショウとパプリカパウダーをあしらう。

満開のミモザ!

RECIPE_05

野菜たっぷり！
ひとくちミモザサラダ

ゆで卵の器の中にたっぷりの野菜サラダを忍ばせて
上から黄身をかけたひと口アレンジのミモザサラダは
パーティーのおつまみにもぴったり！

ロシアの定番家庭料理
サラダオリヴィエ

ゴロゴロ野菜と卵で作るロシアのサラダは
ポテトサラダとも卵サラダとも違う新感覚の味わい。
ディルが香る大人の味わいを楽しんじゃってください!

カラフルでキュート

[材料] 4人分

じゃがいも…150g

鶏むね肉…50g

Ⓐ
赤玉ねぎ（粗みじん切り）…50g
ズッキーニ（粗みじん切り）…50g
ディル（粗みじん切り）…2g
ゆで卵（さいの目切り）…2個分
ケッパー…15g
グリンピース（缶詰）…15g

Ⓑ
マヨネーズ…大さじ2
白ワインビネガー…小さじ1
塩…小さじ1/8
黒コショウ…少々

黒コショウ…適量

パプリカパウダー…適量

1

じゃがいもは皮をむき、1㎝角のさいの目に切ったら鍋で茹でておく。同様に鶏肉もさいの目に切って茹でておく。

▼

2

ボウルに**1**と Ⓐ を入れ、 Ⓑ と混ぜ合わせる。器に盛り、ディル1枝（分量外）、くし切りのゆで卵（分量外）、黒コショウ、パプリカパウダーをあしらう。

ローさんのワンポイント
グリンピースが味わいの決め手なので、まあまずは苦手と言わず使ってみて！ 意外な相性にきっとハマるはず。

PHOTOGENIC DISHES ｜ たまご映え10選

[材料] 2人分

ほうれん草…90g

バター…20g

卵…3個

生クリーム…大さじ1

塩…小さじ1/8

食パン（8～10枚切）…4枚

マヨネーズ…適量

ピクルス（甘くないもの）…6個

黒コショウ…適量

ローさんのワンポイント

濃厚な仕上がりなので、つけ合わせのピクルスが抜群に合う！サンドイッチ食べて、ピクルス食べてを繰り返しましょう。

ほうれん草をざく切りにし、バターを10g引いたフライパンで炒めて取り出しておく。

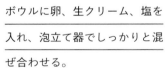

ボウルに卵、生クリーム、塩を入れ、泡立て器でしっかりと混ぜ合わせる。

熱したフライパンにバター10gを引いたら2を加えてスクランブルエッグにする。

耳を落としたパンにマヨネーズを塗って、1と3を挟んだら半分に切って盛り付ける。ピクルスを添えて黒コショウをあしらったら完成。

スクランブルエッグと
ほうれん草の
バター香るサンドイッチ

玉子サラダではなくスクランブルエッグで作るほうが
卵の味を楽しめてローさんは好みなのです。
ええ、断言しますよ。これが世界一ウマい玉子サンドだと。

玉子サンドの
革命や！

[材料] 2人分

クスクス…100g	レモン汁…小さじ2	黄パプリカ…15g
ベーコン…30g	塩…3つまみ	ミニ黄トマト…2個
サラダ油	Ⓐ EXVオリーブオイル…大さじ3	塩…適量
…小さじ1/2	黒コショウ…適量	黒コショウ…適量
ゆで卵…2個	にんにく(すりおろし)…小さじ1/2	

RECIPE_08

黄色い声援!

たまごとクスクスの
イエローサラダ

色味が近い様々な食材を組み合わせますとね、
それだけでなにやらプロっぽい仕上がりになるのです!
酸味、塩味、旨味のクロスオーバー。くすくす。

クスクスを茹でて水気を切る。

ベーコンを1㎝角のさいの目切りにし、熱して油を引いたフライパンでこんがりするまで焼く。

1と2、1㎝角に切ったゆで卵をボウルに入れ、Ⓐを加えて和える。

器にセルクル型を置いたら3を詰めて形を整え、セルクルを外す。

角切りのパプリカとくし切りにしたトマトをのせ、塩と黒コショウをあしらったら完成。

> **ローさんのワンポイント**
> 作りたても美味しいですが、土台のクスクスサラダは冷蔵庫でひと晩置いておくと味が馴染んでさらに美味しくなりますよ。

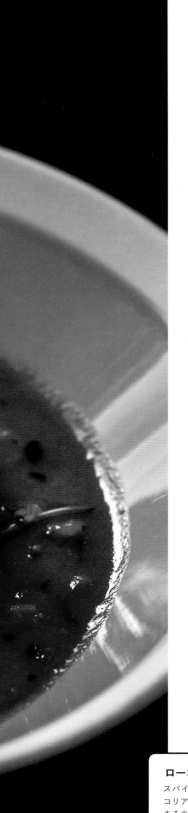

[材料] 2人分

玉ねぎ…100g
にんにく…1片
しょうが…20g
青唐辛子…1本
サラダ油…大さじ2

水…100㎖
ゆで卵…2個
パプリカパウダー…適量

チリパウダー…小さじ1/4
カルダモン（パウダー）…小さじ1
コリアンダー（パウダー）…小さじ1
シナモン（パウダー）…小さじ1/8
Ⓐ 黒コショウ…小さじ1/8
マスタードシード…少々
パクチー（みじん切り）…5g
トマト（適当なサイズに切る）…120g
トマトペースト…15g

玉ねぎ、にんにく、しょうがを
粗みじん切りに、青唐辛子を輪
切りにする。

熱したフライパンに油を引いた
ら1を加え、玉ねぎが少し茶色
くなるまで炒める。

2にⒶを入れ、トマトが崩れて
水分が飛ぶまでさらに炒める。

水を沸騰させた鍋に3とゆで卵
を入れ、軽く煮る。器に盛った
ら卵にパプリカパウダーをかけ、
好みでパクチー（分量外）を散
らす。

ローさんのワンポイント
スパイスはチリ、カルダモン、
コリアンダーだけでも味がまと
まるので、揃えるのが難しけれ
ば他は省略しちゃってもOK！

RECIPE_09

沈まぬ太陽！
真っ赤な激辛エッグマサラ

まるでサバンナに沈みゆく夕日のような仕上がりにうっとり。
インド料理の定番であるエッグマサラは超簡単！
スパイスの香りとチリの辛味がヤミツキに！

PHOTOGENIC DISHES ｜ たまご映え10選

山崎豊子に捧げます

イランの超香草オムレツ
ハーブたっぷり
ククサブジ

ハーブを何でもかんでも大量にぶち込むイラン名物。
日本だとハーブが高いのでセロリの葉を大量に使って
かさ増しすればまったく問題なし！

独特の味！

[材料] 4人分

サフラン…少々

- セロリの葉…30g
- 万能ねぎ…10g
(A) イタリアンパセリ…7g
- ディル…3g
- パクチー…2g
- ミント…少々

卵…3個
塩…小さじ1/4
黒コショウ…適量
サラダ油…大さじ2
クルミ…適量
ラズベリー（ドライ）…適量

ローさんのワンポイント
本場ではバーベリーを使いますが、そんなもんそこらに売っていないので、代用としてクランベリーやラズベリーを。

PHOTOGENIC DISHES | たまご映え10選

サフランを大さじ1ほどの水（分量外）に浸してサフランウォーターを作っておく。

(A)をすべてみじん切りにしてボウルに移す。

2に溶き卵、塩、黒コショウを加えて混ぜ合わせる。

熱して油を引いたフライパンに3を流し入れて焼く。器に盛り、クルミとラズベリーをあしらったら完成。

[材料] 1人分

卵…2個
牛乳…70㎖
バタール（スライス）…2枚
ミックスチーズ…4つかみ
ハム…2〜4枚

ホワイトソース…100g
パルミジャーノ・レッジャーノ
（粉チーズでも可）…適量
パセリ（乾燥）…適量
黒コショウ…適量

溶き卵1個分と牛乳を混ぜて卵液を作ったらバットに流し、パンを入れてしみ込ませる。

1のパンにチーズ2つかみとハムをのせて挟む。

2の天面にホワイトソースを塗り、さらにチーズを2つかみのせてくぼみを作ったら卵1個を落とす。

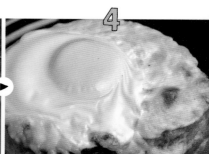

オーブントースターでチーズに焼き色が付くまで焼いたら器に盛り、パルミジャーノ、パセリ、黒コショウをあしらって完成。

ローさんのワンポイント
短時間でも大丈夫ですが、パンに卵液をしみ込ませる時間を長くすればよりとろとろに仕上がります。パンの厚みで調節を。

食事系
STAPLE FOOD

閂絶級に旨い!

RECIPE_01

フレンチトースト仕立ての
クロックマダム

パンに卵液をしみ込ませて焼き上げることで
ふわとろ食感も楽しめるクロックマダムに変身。
ディナーにも使える仕上がりに。

台湾式のジャンキーTKG
猪油拌飯
ツゥヨウバンファン

台南で食べられているラードぶっかけTKGは
一度食べたら忘れられなくなること間違いなし。
これぞ悪魔のレシピって感じですよね。

魯肉飯より好き！

ローさんのワンポイント
フライドオニオンの代わりにじゃこや桜エビなどの乾物を使っても美味しい。ぜひいろんな組み合わせを楽しんでください。

[材料] 1人分

ウインナー…2本 　　卵黄…1個分
ラード…20g 　　　 フライドオニオン…1つかみ
醤油…大さじ1 　　　パクチー（みじん切り）…適量
みりん…大さじ1 　　黒コショウ…適量
ご飯…1膳分

STAPLE FOOD ｜ 食事系

1

食べやすいサイズにウインナーを切ったら、熱したフライパンで焼いて取り出しておく。

▼

2

1のフライパンにラード、醤油、みりんを入れて溶かし混ぜる。

▼

3

器にご飯をよそい、2をかけたら卵黄をのせる。1のウインナー、フライドオニオン、パクチー、黒コショウをあしらったら完成。

[材料] 1人分

卵…2個
ドライトマト…1個
にんにく…2片
EXVオリーブオイル…大さじ3
タカノツメ…適量
スパゲッティーニ…100g
塩…2つまみ
パルミジャーノ・レッジャーノ
（粉チーズでも可）…適量
黒コショウ…適量

ボウルに溶き卵を作っておく。ドライトマトは千切りに、にんにくは潰しておく。

熱したフライパンにオリーブオイルを引いてにんにくとタカノツメを加え、油に香りを移して火を止める。

鍋でスパゲッティーニを茹で、規定時間より1分早めに湯切りをする。

2を軽く熱し、3と塩を加えて混ぜ合わせる。

4を1の溶き卵と混ぜ合わせたら器に盛り、ドライトマト、パルミジャーノ、黒コショウ、塩1つまみ（分量外）をあしらう。

トマトのアクセントが最強 ぺぺたま改

ペペロンチーノと卵を合わせた「ぺぺたま」に、
ドライトマトの旨味と酸味を加えることで格上げ！
簡単なので日常使いしたくなるひと品。

重層的な旨味が◎

ローさんのワンポイント
パスタに卵液をまとわせる時は
フライパンではなくボウルで行
うと、卵が固まることがないの
でそこを手抜きしませぬよう。

フルーツソースが決め手!
韓国屋台風玉子トースト

韓国の屋台でお馴染みの紙コップ玉子焼きトーストは
なんてったってフルーツソースが最大のポイント。
まさかこんなに相性が良いとは……。

紙コップ!

STAPLE FOOD ｜ 食事系

ローさんのワンポイン

フルーツソースはキウイソー
がおすすめ。スーパーのヨー
ルトコーナーやジャムコーナ
にあるので探してみて。

[**材料**] 1〜2人分

卵…2個

食パン…2枚

とろけるチーズ（チェダー）…2枚

キャベツ（千切り）…50g

マヨネーズ…大さじ2

塩…1つまみ

ハム…2枚

コーン（缶詰）…少々

キウイソース…大さじ2

ケチャップ…大さじ2

1

玉子焼き器に溶き卵を流し入れ
て両面こんがりするまで焼き、
板状の玉子焼きを作る。

▼

2

食パンにチーズをのせてトース
トする。キャベツとマヨネーズ、
塩を和えておく。

▼

3

ハム、**1**の玉子焼き（適宜切っ
てサイズ調整）、**2**のキャベツ、
コーンをのせ、キウイソースと
ケチャップをかけたら挟んで半
分に切る。

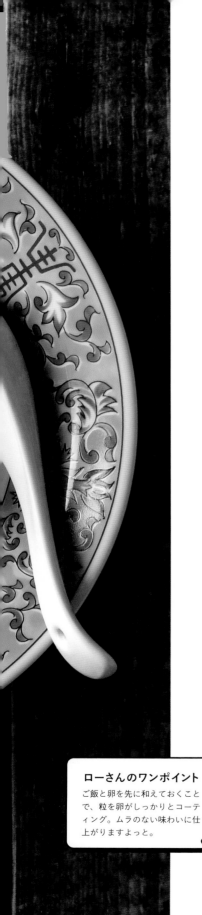

［ 材料 ］1人分

長ねぎ…15g
サラダ油…小さじ2
卵…2個
ご飯…200g
ごま油…小さじ1
醤油…小さじ1

塩…小さじ1/8
黒コショウ…適量
うま味調味料…小さじ1/8
中華スープの素…小さじ1
水溶き片栗粉…40㎖
ゆで卵…1/4個

長ねぎをみじん切りにし、熱してサラダ油を引いたフライパンで軽く焦げるまで炒める。

溶き卵1個分とご飯をボウルで和えたら❶に入れ、ごま油、醤油、塩、黒コショウ、うま味調味料を加えながら炒める。

フライパンにスペースを作り、卵黄だけを炒り卵にしたら全体を混ぜ合わせて器に盛る。※卵白は取っておく。

小鍋に水200㎖（分量外）を沸かし、中華スープの素を溶かしたら火を止め、❸の卵白を入れながらかき混ぜる。水溶き片栗粉を加えて火にかけ、とろみが出たら❸のチャーハンにかけてゆで卵とコショウをあしらう。

ローさんのワンポイント

ご飯と卵を先に和えておくことで、粒を卵がしっかりとコーティング。ムラのない味わいに仕上がりますよっと。

2つの味を
楽しめる!

STAPLE FOOD ｜ 食事系

RECIPE_05

玉子炒飯 卵白あんかけ

卵に卵を重ねてさらに卵白でおめかししたチャーハンは
卵好きなら一度は試してほしいメニュー。
可愛い器に盛り付けて気分も上々!

ナポリの俳優も愛した
貧乏人のパスタ

正式には「スパゲッティ・アッラ・ポベレッラ」という
簡単な材料だけで作れるパスタがこちら。
シンプルがゆえにストレートな旨味を楽しめます。

卵マウンテンや!

[材料] 1人分

パスタ…100g

卵…2個

EXVオリーブオイル…大さじ1

にんにく…1片

塩…小さじ1/8

パルミジャーノ・レッジャーノ

…適量

黒コショウ…適量

ローさんのワンポイント
本来はペコリーノチーズを使う
のですが、クセがあって日本人
には馴染みがないので、パルミ
ジャーノで作るのが無難です。

1

パスタを鍋で茹で始めつつ、熱
したフライパンで目玉焼きと、
目玉焼きを崩したものを作って
取り出しておく。

▼

2

熱したフライパンにオリーブオ
イルを引いたらにんにくを入れ、
油に香りを移しておく。

▼

3

茹でたパスタとの崩し目玉焼
きを加えて混ぜ、塩で味を整え
たら器に盛る。目玉焼きをのせ、
パルミジャーノとコショウをあ
しらったら完成。

STAPLE FOOD ｜ 食事系

ローさんのワンポイント
マヨネーズソースにみじん切り
の生玉ねぎを加えても、また違
った食感と味わいが楽しめるの
でおすすめですよ。

[材料] 1人分

赤玉ねぎ…80g	卵…2個
にんにく…1片	生クリーム…30g
サラダ油…大さじ1	塩…1つまみ
イタリアンパセリ…5g	バター…10g
ディル…3g	バンズ…1個
マヨネーズ…大さじ3	黒コショウ…適量

赤玉ねぎを薄切りに、にんにく
をみじん切りにしたら、熱した
フライパンに油を引いて茶色く
なるまで炒める。

ソースを作る。イタリアンパセ
リ、ディルをみじん切りにした
らマヨネーズと和える。

溶き卵に生クリームと塩を加え
る。熱したフライパンにバター
を引いたら卵液を入れ、とろと
ろのスクランブルエッグを作る。

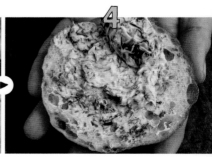

焼いたバンズに **2** のソースを敷
き、**3** をのせたら、さらに **1** を
のせてバンズで挟む。器に盛っ
て黒コショウをあしらう。

RECIPE_07

ハーブマヨネーズの
NY風たまごバーガー

しっかりとハーブを利かせた香り高いマヨネーズに
スクランブルエッグの濃厚さと玉ねぎソテーの甘みが
絡み合って、肉なしでも大満足！

STAPLE FOOD ｜ 食事系

気分は摩天楼！

RECIPE_08

ひと手間で旨味が3倍アップ！ミディアムレアTKG

卵って、火を入れると風味が一気に濃厚になるんですよ。
ほんの少しだけ熱を通すミディアムレアにすれば
ご飯との相性がエグいことになりまする。

[材料] 1人分

卵…1個
醤油…小さじ1
ご飯…180g
卵黄…1個分
万能ねぎ…適量
黒コショウ…適量

> **ローさんのワンポイント**
> 加熱する前のフライパンに卵液を入れて、とろ火で穏やかに火を入れるのが最大のポイント。かき混ぜは止めないで！

1

溶き卵に醤油を加えて混ぜる。

▼

2

フライパンに**1**を入れ、ごく弱火でかき混ぜながらどろっとするまで火を入れたら器に盛ったご飯にかける。卵黄をのせ、万能ねぎと黒コショウをあしらったら完成。

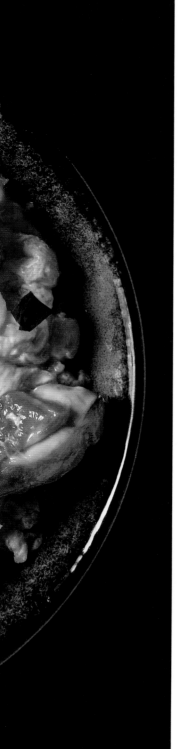

[材料] 1人分

鶏もも肉…100g

塩…少々

鶏むね挽き肉…60g

めんつゆ（2倍濃縮）…60㎖

水…100㎖

卵…2個

ご飯…250g

卵黄…1個分

三つ葉（みじん切り）…適量

ローさんのワンポイント
鶏もも肉は一度グリラーなどで焼いて焼き色を付けておくことで、仕上がりに香ばしさがプラスされてプロの仕上がりに。

1

鶏もも肉に軽く塩を振って、グリラー（オーブントースターでも可）でこんがりするまで焼く。

▼

2

熱したフライパンで挽き肉を火が通るまで炒める。

▼

3

 とめんつゆ、水を に加え、火にかけて好みの濃さになるまで煮たら卵でとじる。器によそったご飯の上にのせ、卵黄と三つ葉をあしらう。

RECIPE_09

二つの味を楽しめる
もも肉とそぼろの双子丼

鶏もも肉と鶏むね挽き肉を使っているから、
食べた時、味にリズムを感じることができてGOOD!
真ん中で半分に分けて盛り付けても可愛い。

STAPLE FOOD ｜ 食事系

鶏の良さを
いいとこ取り!

[材料] 1人分

パンケーキミックス…
150g（多めの分量になっています）
卵…1個
サラダ油…小さじ1
にんにく（潰す）…1片
タカノツメ…1本
ベーコン（短冊切り）…40g
マッシュルーム（くし切り）…3個
クレソン…適量

白ワインビネガー…小さじ1/4
Ⓑ EXVオリーブオイル…大さじ1
塩…1つまみ

黒コショウ…適量
パルミジャーノ・レッジャーノ
（粉チーズでも可）…適量

映え散らかしてる

RECIPE_10

なんでしょうね、コレ。
エッグインクラウドパンケーキ

数年前に流行ったから作ってはみたものの、謎。
見栄え優先のお遊びメニューだと思うでしょ？
でも、ソースをかけてみたら異常に旨くなったんですよ。

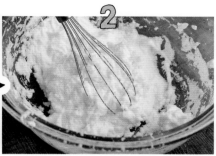

パンケーキミックスに表示通りの材料を入れて生地を作る。

卵の白身をボウルに入れ、泡立て器で攪拌してメレンゲを作る。

クッキングシートの上に雲のような形にメレンゲをのせ、中央にくぼみを作って卵黄をのせたら、オーブントースターでメレンゲが固まるまで焼く。

熱したフライパンで **1** の生地を3枚焼いたら器に盛り、**3** をのせる。※生地の分量は多めなので、余分に焼いておやつタイムにどうぞ。

熱したフライパンに油を引いてにんにくとタカノツメを加え、香りを移したらベーコンとマッシュルームを入れて炒める。クレソンとともに器に添え、全体に**B**を混ぜたソースをかけたらコショウとパルミジャーノをあしらう。

ローさんのワンポイント

しょっぱい系の味付けのほうが圧倒的に合います。メレンゲを焼く時は卵黄が固まらないように様子を見ながらGO！

[材料] 1人分

EXVオリーブオイル … 大さじ1
生米 … 0.5合
コンソメ（顆粒）… 小さじ1/2
お湯 … 200〜300㎖
生クリーム … 50㎖
パルミジャーノ・レッジャーノ … 20g

塩 … 1つまみ
卵黄 … 1個分
イタリアンパセリ … 適量
黒コショウ … 適量
生ハム … 適量
グリッシーニ … 1本

1

熱してオリーブオイルを引いた
フライパン（中弱火）で、米が
全体的に白くなるまで炒める。
コンソメとお湯100㎖を加えた
らフタをし、米を炊いていく。
水分が少なくなったらお湯を
50㎖足す（数回繰り返す）。

▼

2

生クリームとパルミジャーノ、
塩を加えて混ぜながらとろっと
するまで煮詰めたら器に盛り、
卵黄、イタリアンパセリ、黒コ
ショウをあしらい、生ハムを巻
いたグリッシーニを添える。

ローさんのワンポイント

煮詰めるときに白ワインをほん
の少し加えると、さらに味わい
がリッチになるので、余ったワ
インがあったらイン！

RECIPE_11

卵のコクがたまらない
カルボナーラリゾット

クリーム系のリゾットに卵黄が合わないわけがない！
生ハムと一緒に食べると旨味が増幅されて幸せの味に。
〆にこれが出てきたら絶対惚れるわ。

STAPLE FOOD 一 食事系

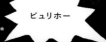

ピュリホー

[材料] 2人分

トマト…200g
赤玉ねぎ…120g
サラダ油…大さじ1
クミン(ホール)…小さじ1/2
カルダモン(ホール)…5個

卵…3個
パクチー…適量
パプリカパウダー…適量
バゲット…適量

コリアンダー(パウダー)
…小さじ1/2
シナモン(パウダー)…小さじ1/4
Ⓐ カルダモン(パウダー)…小さじ1/2
チリパウダー…小さじ1/8
黒コショウ…少々
塩…小さじ1/4

トマトは適当なサイズに、赤玉ねぎは粗みじん切りにする。

熱したフライパンに油を引いて、赤玉ねぎとクミン(ホール)、カルダモン(ホール)を入れたら玉ねぎが透明になるまで炒める。

トマトとⒶを加えて、トマトがしっかり崩れるまで炒める。

溶き卵を加えて炒め合わせたら器に盛り、パクチー、パプリカパウダーをあしらってバゲットを添える。

ローさんのワンポイント

基本的にホールスパイスはテンパリングして香りを立たせて、パウダースパイスは後から入れると上手に仕上がりますよ。

おつまみ・おかず
APPETIZERS & SIDE DISH

激ウマ!

RECIPE_01

インド屋台の定番料理
アンダブルジ

スパイスとトマトの酸味が利いたインド版炒り玉子。
スッキリとしたビールと合わせたら最高!
おうちで屋台料理ってなんだか気分上がりますよね。

辛味と酸味が抜群に合う
南米風ウエボスロトス

スペインバルの定番おつまみであるウエボスロトスを
チリパウダーとライムをあしらって南米風にアレンジ。
どんと来いお酒。カモンアルコール。

酒飲みにはたまらん

[材料] 2人分

じゃがいも…200g
サラダ油…大さじ5
卵…1個
塩…小さじ1/2
黒コショウ…適量
チリパウダー…適量

パルミジャーノ・レッジャーノ
（粉チーズでも可）…適量
イタリアンパセリ
（みじん切り）…少々
ライム…1/12個

> **ローさんのワンポイント**
> よくライムじゃなくてレモンで良いですか？ と聞かれるんですが、この料理は絶対にライムが合うんですよねー。

じゃがいもを皮付きのままくし切りにする。

フライパンに油を引いて熱したら卵を入れ、フライドエッグを作って取り出しておく。

天ぷら鍋などで180℃に熱した油（分量外）で**1**をカリッとするまで揚げて、キッチンペーパーの上に引き上げる。

3に塩、コショウをまぶしたら器に盛り、**2**をのせてチリパウダー、パルミジャーノ、イタリアンパセリをあしらってライムを添える。

[材料] 1人分

ズッキーニ…50g
ナス…30g
赤玉ねぎ（玉ねぎでも可）…50g
にんにく…1片
EXVオリーブオイル…大さじ1
ベーコン…50g

Ⓐ
トマト缶…1/2缶
コンソメ（顆粒）…小さじ1/2
塩…1つまみ

黒コショウ…適量
パルミジャーノ・レッジャーノ
（粉チーズでも可）…少々
チリパウダー少々

1

ズッキーニ、ナスは1cm厚のいちょう切りに、赤玉ねぎは粗みじん切りにする。にんにくは皮をむいて潰しておく。

2

熱したフライパンにオリーブオイルを引いたら、短冊に切ったベーコンとにんにくを入れ、こんがりするまで焼いて取り出しておく。

3

2のフライパンに**1**を入れ、火が通るまで炒めたらⒶを加えて軽く煮る。

4

2と**3**を耐熱の器に盛ったら上から卵を落とし、オーブントースターで白身が固まるまで火を入れる。最後に黒コショウ、パルミジャーノ、チリパウダーをあしらう。

ローさんのワンポイント
基本的な材料はそんなに変わらないので余ったラタトゥイユをアレンジして作ることもできます。バーボンとともにドゾ。

スペイン・セビージャの味
フラメンカエッグ

その昔、新宿の『VELVET OVERHIGH'M d.m.x.』で
初めてフラメンカエッグに出合ってから幾星霜。
こんなにどんな酒にも合う料理ってないと思うんですよ。

APPETIZERS & SIDE DISH ― おつまみ・おかず

思い出の料理!

ローストラムチョップの
ブロデッタート風ソース

卵黄ソースは
最強ですね

ブロデッタートといえばイタリアの煮込み料理ですが
面倒なので肉を焼いてブロデッタート風ソースで仕上げ。
レアに仕上げたラムチョップと合うんだな、これが。

[材料] 2〜3人分

ラムチョップ…3本

EXVオリーブオイル…適量

ペコロス…1.5個

玉ねぎ…30g

生ハム…15g

にんにく…1片

白ワイン…30g

塩…2つまみ

黒コショウ…適量

卵黄…3個分

ディル（粗みじん切り）…3g

レモン汁…1/8個分

レモンゼスト

（レモンの皮を削ったもの）…適量

チャービル…適宜

ラムチョップに塩（分量外）を適量振ってすり込んでおく。

熱したフライパンにオリーブオイルを引き、ラムチョップを全面こんがりするまで焼いて取り出しておく。一緒に付け合せのペコロスも焼いておく。

玉ねぎを粗みじん切りに、生ハムはちぎって、にんにくは潰す。

2 のフライパンに 3 を入れて炒めたら白ワイン、塩、コショウを加え軽く煮詰める。

ボウルに 4 と卵黄、ディル、レモン汁を入れて混ぜ合わせソースを作る。器に 2 を盛ったらソースをかけ、黒コショウ、レモンゼストを全体に振り、チャービルと 2 のペコロスを添える。

ローさんのワンポイント

レモンゼストを作る時は、チーズ削り器を使ってふんわり仕上げがベター。僕は Microplane のグレーターを愛用しています。

[材料] 2人分

ピータン…1個

にんにくの芽…50g

生きくらげ…20g

豚挽き肉…150g

食べるラー油…大さじ1

タカノツメ…2個

トウチ…6粒

醤油…小さじ1/2

紹興酒…大さじ1

五香粉…小さじ1/4

> **ローさんのワンポイント**
> 本来は花ニラを使いますが、やっぱりそんなもんどこにも売っていないのでにんにくの芽で代用しちゃうわけですよ。

1

ピータンを粗みじん切りに、にんにくの芽を小口切り、きくらげをみじん切りにする。

▼

2

熱したフライパンに挽き肉、食べるラー油、タカノツメ、トウチを入れて炒める。

▼

3

火が通ったら**1**と醤油、紹興酒、五香粉を加えて炒め合わせ、器に盛り付ける。

RECIPE_05

ピータンの新たな扉が開く
台湾風蒼蝿頭
ツァンイントウ

台湾発祥の四川料理という謎多き料理だけど、
個人的にピータンの一番美味しい食べ方だと思います。
五香粉があればそれだけで台湾の味に。

超本格派の味!

APPETIZERS & SIDE DISH ｜ おつまみ・おかず

ローさんのワンポイント

マヨネーズだけだと酸味が足りないので、ビネガーを入れるのがポイント。なければ普通の酢でももちろん大丈夫です。

もはやソースがメイン

RECIPE_06

ホワイトアスパラの
バッサーノ風

ホワイトアスパラはミモザ仕立てにしたり、
ここで紹介するバッサーノ風にしたりと、卵が合う!
たっぷりのパセリが香るソースで大満足。

[材料] 2人分

ゆで卵…2個	塩…小さじ1/8
パセリ…10g	黒コショウ…適量
マヨネーズ…大さじ3	バター…10g
白ワインビネガー…小さじ1	ホワイトアスパラ…4本

1

ソースを作る。ゆで卵とパセリ
をみじん切りにしたらボウルに
入れ、マヨネーズ、ビネガー、塩、
黒コショウと和える。

▼

2

熱したフライパンにバターを引
き、皮をむいたホワイトアスパ
ラを焼き色が付くまで焼く。器
に盛り、1をかけたらコショウ
をあしらう。

牛肉を細かく切り、玉ねぎ、春菊、舞茸はみじん切りにする。

熱したフライパンに油を引いて1を火が通るまで炒める。

ボウルに卵を溶いたら2と割り下を加えて混ぜ合わせる。

熱した玉子焼きパンに牛脂を引き、玉子焼きを作る。

玉子焼きを食べやすいサイズに切り、器に卵黄を敷いたら盛り付ける。

ローさんのワンポイント

すき焼きって余りがちじゃないですか？ そう、余ったすき焼きを使って巻いたっていいんです。料理は自由だー！

RECIPE_07

口の中でほぼすき焼きが完成
すき焼きたまご

いや、これ食べてみればわかるんですけど、
本当にすき焼きなんですよ。
お弁当に持って行きづらいすき焼きもこれなら◎。

APPETIZERS & SIDE DISH ― おつまみ・おかず

ウマ死ぬ!

[材料] 2人分

牛肉（すき焼き用）…80g
玉ねぎ…50g
春菊…20g
舞茸…20g

サラダ油…適量
卵…3個
割り下（市販）…大さじ1.5
牛脂…8g
卵黄…1個分

リズムのある
味わい

ピクルスと
オリーブが香る
大人のたまごサラダ

ベーシックな玉子サラダにピクルスとオリーブを足すと
一気に大人の味わいに大変身。
白ごまの食感と香りも良いアクセントに。

ローさんのワンポイント
ゆで卵を少し残しておいて一緒
に盛り付けて、さらに卵黄なん
かかけると、なにやらオシャレ
に見えてラッキー。

[材料] 2人分

玉ねぎ…50g	塩…2つまみ
ガーキンピクルス…20g	黒コショウ…適量
黒オリーブ…20g	白ごま…小さじ1/4
ゆで卵…4個	ルッコラ…適量
マヨネーズ…大さじ3	

1

玉ねぎ、ピクルス、オリーブは
みじん切りに、ゆで卵は粗みじ
ん切りにする。

▼

2

ボウルに**1**とマヨネーズ、塩、
黒コショウ、白ごまを入れて和
えたら器に盛り、ルッコラを添
える。

[材料] 1人分

ホタテ…1個
チコリ…10g
黒オリーブ…3粒
トリュフオイル…適量
卵…1個
塩…1つまみ
鶏ガラスープの素…少々
サラダ油…適量
黒コショウ…適量

ローさんのワンポイント

高級中国料理だとトリュフを使うところですが、家庭でそれは変態すぎるので、オリーブにトリュフオイルを合わせたよ！

1

ホタテをさばく。貝を開けたらヒモと内臓を取って貝柱を取り出し、1/4〜1/6に切る。

※ヒモと内臓は炒めものなどに活用する（ウロは捨てる）。貝殻は洗って拭いておく。

▼

2

チコリは粗めの千切りに、黒オリーブはみじん切りにしてトリュフオイルと和えておく。

▼

3

溶き卵に塩と鶏ガラスープの素を入れてかき混ぜる。熱したフライパンに油を引き、ホタテとチコリ、卵液を入れて炒め合わせたら貝殻に盛って**2**のオリーブとコショウをあしらう。

帆立とチコリの中華風玉子炒め

撮影当日に黄ニラが売っていなかったんで、
代わりになるものはないかとたどり着いたのがチコリ。
ほんのりとした苦味が加わると最高でした。

APPETIZERS & SIDE DISH ｜ おつまみ・おかず

高級な味がする!

日本酒がすすんで仕方ない
ホンビノスの卵とじ

安くて美味しいホンビノス。みんな大好きホンビノス。
他の貝と比べて、身の塩味が強い貝なので、
とにかくお酒がすすむ、左党におすすめのメニュー。

命の一献!

[材料] 1人分

ホンビノス貝（大きめ）…2個
白だし…大さじ1/2
水…大さじ1.5
みりん…小さじ1
卵…1/2個
三つ葉…適量

> **ローさんのワンポイント**
> 予熱で火が入らないようだったら、そのままコンロで火にかけて熱してもOK。殻が弾け飛ばないように気をつけて！

1

ホンビノス貝をグリラーやオーブントースターで焼き、貝が開いたら身を取り出す。身を食べやすいサイズに切ったら貝殻に戻しておく。

▼

2

1に白だしと水、みりんを加えて再度グリラーに戻したら、ふつふつするまで加熱する。

▼

3

グリラーから取り出したら溶き卵を流して軽くかき混ぜ予熱で火を入れる。器に盛り、三つ葉をあしらう。

[材料]

A
- ひよこ豆（水煮）…250g
- ひよこ豆（水煮）の汁…50㎖
- 芝麻醤…大さじ2
- レモン汁…大さじ1
- 牛乳…大さじ1
- にんにく（すりおろし）…大さじ1/2
- 塩…小さじ1/2
- クミン（パウダー）…小さじ1/2
- コリアンダー（パウダー）…小さじ1/4

EXVオリーブオイル…大さじ1
卵黄…1個分
パプリカパウダー…適量
イタリアンパセリ（ドライ）…適量

ローさんのワンポイント

筋を付ける時は、スプーンじゃなく皿を回して作ると、キレイな螺旋にすることができるので、ぜひお試しあれ。

1

Aの材料をすべてフードプロセッサーに入れ、なめらかになるまで攪拌する。

▼

2

1を器に敷いて渦巻状の筋を付けたらオリーブオイルを流し、卵黄とパプリカパウダー、クミンパウダー（分量外）、イタリアンパセリをあしらう。

RECIPE_11

ヴィーガンの掟を破り
フムスに卵のっけちゃいました

本来ヴィーガンメニューってことはわかってるんですよ。
でも、美味しそうじゃないですか卵黄のせたら。
馴染みのない料理かもしれないけれど、マジ最高。

劇的美味

トルコの朝食メニュー
爽やかチュルブル

ヨーグルトソースにチリオイルが卵と好相性！
異国情緒たっぷりなトルコの定番モーニングで
オシャレな朝を迎えてみませんか。

ピリッとした刺激！

[材料] 1人分

ヨーグルト…150g
にんにく（すりおろす）…小さじ1
塩…小さじ1/4
卵…1個

Ⓐ
　バター…20g
　パプリカパウダー…小さじ1/4
　チリパウダー…小さじ1/4

ディル…1枝
イタリアンパセリ（乾燥）…適量
バゲット…適量

ローさんのワンポイント
ポーチドエッグを作る時にはお湯に少し酢を入れると、たんぱく質変性の効果で崩れにくくなるので作りやすくなります。

ヨーグルトとにんにく、塩を混ぜ合わせる。

お湯を沸かした鍋に卵を割り入れ、成形しながらポーチドエッグを作る。

フライパンにⒶを入れて熱し、チリバターソースを作る。

器に1と2を盛り、ソースをかけたらディルとイタリアンパセリをあしらってバゲットを添える。

APPETIZERS & SIDE DISH ― おつまみ・おかず

[材料] 1人分

卵…1個
じゃがいも…100g
マッシュルーム…30g
バター…10g

ディル…適量
黒コショウ…適量

Ⓐ
ホワイトソース缶…100g
牛乳…100㎖
サワークリーム…40g
白ワインビネガー…小さじ1/4
塩…2つまみ

お湯を沸かした鍋に卵を割り入れ、成形しながらポーチドエッグを作ったら取り出しておく。

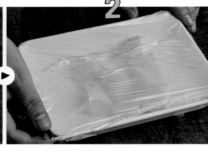

じゃがいもの皮をむき、乱切りにしたら耐熱容器に入れてラップをし電子レンジ（500W）で4〜5分火を通す。マッシュルームは4等分に切る。

熱したフライパンにバターを引いたら2を入れて炒める。

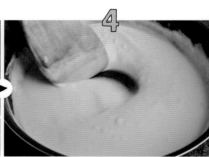

Ⓐを入れた鍋を熱してソースを作ったら3を合わせて器に盛る。ディルとコショウをあしらったら完成。

ローさんのワンポイント
このレシピではどろっとさせたシチュー状にしましたが、もっとサラサラにするとより本場っぽくなりますよ！

ディルが合う!

RECIPE_13

サワークリームの酸味が大正義
クライダ風シチュー

チェコの伝統料理のひとつ「クライダ」。
サワークリームとビネガーの酸がほのかに利いて、
今までなかった新鮮な味わい。

レモンの相性
ヤバス

RECIPE_14

艶めかしい柑橘の香り
カニと卵白のレモンスープ

ただの中華スープだとつまらんということで、
レモンゼストを加えてみたら、なんとも上品に！
スープの新境地をぜひ体感してみて。

ローさんのワンポイント
卵白を加えてかき混ぜる時には
早くしっかりかき混ぜると、固
まった時に薄くふわふわの仕上
がりになるのでGOOD。

[材料] 1人分

きぬさや…3個
カニ（棒肉）…30g
水…300㎖
中華スープの素…小さじ2
塩…1つまみ
卵白…1個分

黒コショウ…適量
ごま油…小さじ1/4
レモンゼスト（皮を削ったもの）…少々

1 きぬさやは湯通しして輪切りに、カニはほぐしておく。

▼

2 鍋にお湯を沸かし、中華スープの素と塩を溶かしたら火を止めてかき混ぜながら卵白を加える。1を加えて器に流し、黒コショウ、ごま油、レモンゼストをあしらう。

APPETIZERS & SIDE DISH ─ おつまみ・おかず

多種の野菜で
複雑な味を演出!
温泉卵のメリメロサラダ

葉物野菜って実はそれぞれ味がまったく違うので、
多くの野菜を使えば使うほどサラダは複雑味を増して、
それだけで高級店のような味になるんだな～。

[材料] 1人分

Ⓐ EXVオリーブオイル…大さじ1
白ワインビネガー…小さじ2
塩…小さじ1/8

ラディッシュ（輪切り）…1/2個
ベビーリーフ…1つかみ
クレソン…少々
春菊…少々
スプラウト…少々
好みのハーブ…少々
温泉卵…1個
黒コショウ…適量

ローさんのワンポイント
まあ、正直ポイントも何もない
んですが、ルッコラとクレソン
は入れておくと大人っぽい味わ
いになるのでおすすめです。

1

Ⓐを混ぜ合わせてドレッシ
ングを作る。器に野菜を盛
り付けたら温泉卵をのせ、
ドレッシングを回しかけて
コショウをあしらう。

おかず系のラー油は調味料としても優秀！
湯がいたニラに卵と合わせるだけでバシッと決まる。
タレにも卵黄をプラスして卵感をアップ。

ピリ辛！

[材料] 1人分

ニラ…100g
めんつゆ（2倍濃縮）…大さじ2
水…大さじ1
卵黄…1個分

うずらの卵黄…1個分
食べるラー油…小さじ2
チリパウダー…少々
白ごま…適量

1

ニラの根本を縛って湯通ししたら冷水にさらす。

▼

2

水気を絞ったら5㎝幅に揃えて切る。めんつゆと水を混ぜて器に流し、卵黄を加えて軽くかき混ぜておく。

▼

3

ニラを巻きすで巻いて形を整えたら器に立て、ラー油とうずらの卵黄をのせる。チリパウダーとごまをあしらったら完成。

ローさんのワンポイン

ニラはバラしてしまうと美し□
揃えるのが難しいので、根本□
何かで縛って湯がく。料理□
た目も重要ですからね。

[材料] 2人分

マグロ（赤身）…100g
マグロ（トロ）…100g
玉ねぎ…40g
ピクルス…20g
イタリアンパセリ…少々

A
卵黄…2個分
EXVオリーブオイル…大さじ1
白ワインビネガー…小さじ1
塩…小さじ1/4

1

マグロの全面に塩適量（分量外）を振ってすり込んだら、キッチンペーパーを巻いて冷蔵庫に20分ほど置く。

▼

2

1のマグロを取り出し、水分を拭き取って1.5cm角のさいの目に切ったら器に盛り付ける。

▼

3

玉ねぎ、ピクルス、イタリアンパセリをみじん切りにし、Aと合わせてソースを作る。2のマグロにかけたら完成。

ローさんのワンポイント

マグロは塩を振って水分を出しておくことで、味が強くなるだけでなく臭みも抜ける。これも安マグロ活用のコツです。

安いマグロも大変身
マグロの卵黄ソース

安いマグロって味気ないですよね。そんな貴方に朗報！
酸味のある卵黄ソースを合わせてみるとあら不思議、
なぜか高級な味になっちゃった！

マグロが輝いてるぜ

APPETIZERS & SIDE DISH ― おつまみ・おかず

作るの結構大変!
ホタルイカと空豆の黄身酢よごし

はい、タイトル通り大変なんですこれ。日本料理は偉大。
濃厚かつ酸味のある味わいはぜひ日本酒と合わせたい。
食材は季節のもので何でもアレンジできます!

季節を感じる
味わい

ローさんのワンポイント
面倒だったらやらなくても良い
ですが、ボイルホタルイカの目
は取っておいたほうが圧倒的に
食べやすくなります。

[材料] 2人分

ホタルイカ（ボイル）…70g
空豆…10粒

【黄身酢おぼろ】
卵…1個
みりん…大さじ1/2
塩…1つまみ
酢…小さじ1

【黄身酢あん】
卵黄…2個分
みりん…大さじ1
塩…1つまみ
酢…小さじ1

ホタルイカは目を取り除く。空豆はさやから取り出したら薄皮を取り除いておく。

黄身酢おぼろを作る。溶き卵にみりんと塩を加えてかき混ぜ、さらに酢を加えてかき混ぜる。鍋に入れたらごく弱火で常にかき混ぜながら水分が飛ぶまで加熱する（20分程度）。

黄身酢あんを作る。卵黄、みりん、塩を混ぜたら酢を加えてさらに混ぜる。鍋に湯を張り、常にかき混ぜながら湯煎（90℃くらいをキープ）にしてドロっとするまで加熱する。

茹でて水にさらし、水気を切った空豆とホタルイカを❸で和える。器に盛り付けたら、❷のおぼろを網で濾しながらかける。

ラテンの香り漂う 半熟卵の ワンカイナソース

ペルーでは定番料理の「パパ・ア・ラ・ワンカイナ」で使う
チーズのコクと辛味が特徴のソースを
半熟卵にかけてみたら新・ウッフマヨネーズが完成。

[材料] 2人分

卵…2個

パプリカパウダー…適量

Ⓐ
卵黄…1個分
カッテージチーズ…100g
牛乳…50㎖
サラダ油…大さじ1
タバスコ（緑）…小さじ1.5
レモン汁…少々
塩…小さじ1/4

1

半熟卵を作る。鍋に水を沸騰させ、卵をやさしく入れる。5分45秒経ったら引き上げ、すぐに流水で冷やして殻をむいて器に盛る。

▼

2

Ⓐをミキサーやブレンダーでなめらかになるまで撹拌したら❶の卵にかけて、パプリカパウダーをあしらう。

君キレイだね

ローさんのワンポイント
ソースはアヒ・アマリージョという黄唐辛子を使うのが本場ですが、そんなもんは……。ここでは緑のタバスコで代用！

たまには洋風もイイよね。
コンソメ餡の茶碗蒸し改

無類の茶碗蒸し好きのローさんですが、
食べすぎて飽きてきたので、視点を変えて洋風仕立てに。
動物性の出汁とクリーミーな味わいに脱帽。

なんか洒落てる！

[材料] 1人分

アスパラガス（細いもの）…1〜2本
赤玉ねぎ…10g

A
- 卵…1個
- 水…250㎖
- 生クリーム…大さじ1
- コンソメ（顆粒）…小さじ1.5
- 塩…小さじ1/4
- みりん…小さじ1

水…100㎖
コンソメ（顆粒）…小さじ1
水溶き片栗粉…小さじ2
黒コショウ…適量
フルールドセル
（普通の塩でも可）…少々

1

アスパラガスは好みのサイズに切って炒め、赤玉ねぎはみじん切りにしておく。Ⓐを混ぜて卵液を作り、容器に入れたら蒸し器で15分ほど蒸す。

▼

2

鍋に水とコンソメを入れて火にかけ沸かしたら、水溶き片栗粉を入れてコンソメ餡にする。**1** の茶碗蒸しに流し入れ、アスパラガスと玉ねぎ、黒コショウとフルールドセルをあしらう。

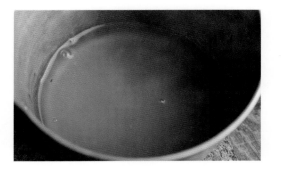

ローさんのワンポイント

水溶き片栗粉は、わりとどんな料理でも基本的に片栗粉と水を1：1の割合で作ると、ちょうどいい硬さになります。

[材料] 2人分

うずらの卵（水煮）…5個

A
酢…50㎖
塩…小さじ1/4
砂糖…大さじ3
ローリエ…1枚
クローブ（ホール）…3粒
カルダモン（ホール）…1粒
ターメリック…小さじ1/8
タカノツメ…1本
にんにく…1/2片
黒コショウ（ホール）…5粒

ローさんのワンポイント
ターメリックなら黄色く仕上がりますが、例えば代わりにビーツを加えてみるとピンク色の卵になってプリティですよ。

1

Aの材料をすべて混ぜ、ピクルス液を作る。

▼

2

好みの密封容器に1とうずらの卵を入れ、フタをしたら冷蔵庫で1晩置く。

RECIPE_21

うずら卵の水煮で
スパイスたまごピクルス

うずらのピクルスを作る時に、
ちょっとインド方面のスパイスを加えてあげると
香り豊かに仕上がって良きおつまみに。

着色アレンジは
無限にある!

超絶簡単なのに激ウマ
目玉プリンちゃん

プリンってミルクと卵じゃないですか。
でも蒸すの面倒じゃないですか。
ということで、蒸さないプリンを開発してみました。

[材料] 1人分

牛乳…200㎖	水…大さじ2
グラニュー糖…40g	グラニュー糖…15g
ゼラチン（顆粒）…5g	卵黄…1個分

1

鍋に牛乳とグラニュー糖を入れて火にかけてかき混ぜ、グラニュー糖が溶けたらゼラチンを加えて混ぜ溶かす。

2

容器に 1 を流し入れ、ラップ（またはフタ）をして冷蔵庫で固まるまで冷やす。

3

フライパンに水とグラニュー糖を入れて火にかけ、茶色くなるまで煮詰めてカラメルを作る。 2 に卵黄をのせ、カラメルをあしらったら完成。

ローさんのワンポイント
砂糖はこんなに入れるの？ってくらいの量に見えるかもしれませんが、適量です。スイーツって糖分凄いのよね……。

温度×時間の相関関係

温泉卵や半熟卵を完璧に作りたいんだ！ どんな苦労をしてでも！ そんな料理ギークな方々に捧ぐ、低温調理の火入れチャートがこちら。その昔、僕が手掛けていた月刊誌で実験したものなんですが、当時の担当者は僕の無茶振りに丸1日かけてこれを撮影したとか。恐ろしいですね。

写真＝宮本信義　当時の担当＝ベレー佐藤

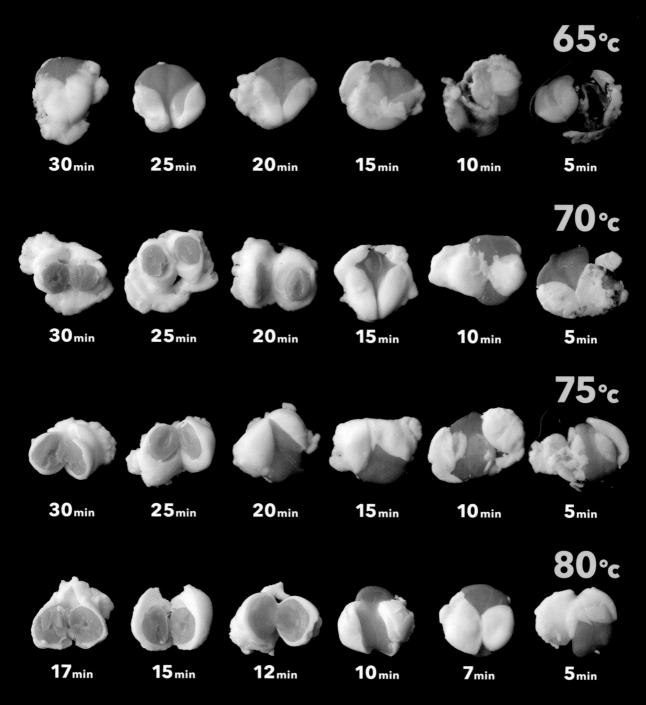

65℃

30min　25min　20min　15min　10min　5min

70℃

30min　25min　20min　15min　10min　5min

75℃

30min　25min　20min　15min　10min　5min

80℃

17min　15min　12min　10min　7min　5min

卵実験室 低温調理による

通常、低温調理による温泉卵作りは、65〜68℃で30〜40分ほど加熱するのが主流。一般的に、卵の凝固温度は黄身が65〜70℃、白身は60〜80℃といわれており、加熱時間との相関関係で変化していくのが写真からわかる。スタッフで吟味した結果、75℃15分が温泉卵、半熟卵、ゆで卵のどれにも属さない新感覚のひと品に仕上がった。

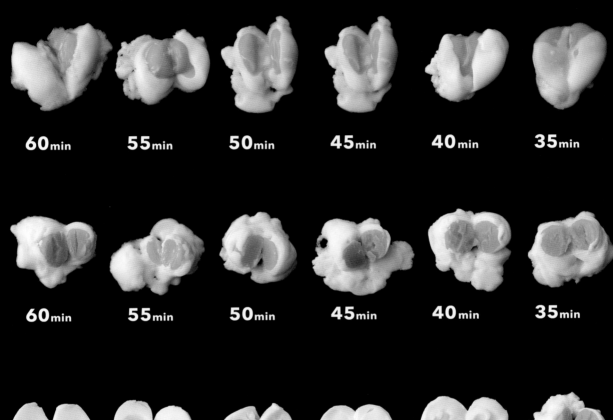

| 60min | 55min | 50min | 45min | 40min | 35min |

| 60min | 55min | 50min | 45min | 40min | 35min |

| 60min | 55min | 50min | 45min | 40min | 35min |

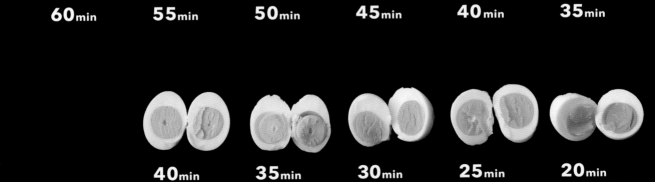

| 40min | 35min | 30min | 25min | 20min |

ローさんのヘビロテ調理器具

abien MAGIC GRILL レシピ

ローさんのお気に入り調理家電を紹介する、恒例の巻末企画。
ヘビーに使っていたabien MAGIC GRILLにニューカラーが登場して
どうしても紹介しないと気が済まないようです。

ローさんと言えば、生粋の調理家電マニアとしても勝手に有名人だと思っていますが、中でもお気に入りとして使っているのが「アビエンマジックグリル」であります。フラットな構造がカッコよくて、卓上に置いてあってもサマになるから、普段使いからホームパーティーまで大活躍。シリーズ製品の「アビエンマ

Recipe 01

モンサンミッシェル風
ふわしゅわ
スフレオムレツ

[材料] 1人分

卵（卵白と
卵黄に分ける）…3個
塩…2つまみ
バター…10g
ベビーリーフ…適量

【つけあわせ】
EXVオリーブ
オイル…大さじ1

にんにく…1片
ローズマリー…1枝
マッシュルーム…3個
ベーコン…20g
塩…1つまみ
黒コショウ…適量
イタリアンパセリ
（みじん切り）…適量
パプリカパウダー…少々

[作り方]

1. つけあわせを作る。[HI／250℃]
   に熱したマジックグリルにオリー
   ブオイルを引き、潰したにんにく
   とローズマリーを加えて香りをう
   つす。マッシュルーム、ベーコン、
   塩、コショウを加えて炒め合わせ
   る。火が通ったら取り出す。

2. 卵白をボウルに入れ、泡立て器で
   ツノが立つくらいまで撹拌してメ
   レンゲを作ったら、卵黄を加えて
   優しく混ぜ合わせる。

3. [HI／250℃] に熱したマジック
   グリルにバターを引き、2を流し
   入れる。底面に焼き色が付いたら
   器にのせて2つに折りたたむ。

4. 器に1のつけあわせを添えて、好
   みのソースをかける。最後にベビ
   ーリーフをあしらったら完成。

POINT

ローさんのおすすめ! ポルチーニクリームソース

[材料] 1人分
乾燥ポルチーニ
（水で戻したもの）…10g
ポルチーニの戻し汁…大さじ3
生クリーム…大さじ3
コンソメ（顆粒）…小さじ1/2
パルミジャーノ・
レッジャーノ…10g

[作り方]
みじん切りにしたポルチーニ、戻し汁、生クリーム、コンソメをフライパンに入れ、軽く煮詰める。削ったパルミジャーノを加え、とろっとするまで弱火で加熱。

独自のコーティングとムラ無く加熱できるサーキットヒーターのおかげで、料理の仕上がりが段違い。一度でも使ったら手放せなくなること間違いなし！

ジックグリル S」も、手入れや収納に優れた使い心地はそのままに、コンパクトなサイズ感とフチありの構造で、スタンダードモデルでは難しかった調理もできて、両方ヘビーに使い倒しているわけです。

で、最近新モデルにニューカラーのホワイトが登場して、これがまたイイ！ どこか1960年代あたりの海外家電を思わせる、レトロでキュートなデザインはより一層所有欲を満たしてくれるんですよね。

Recipe 02
ホワイトアスパラとゴロゴロ野菜のフリッタータ

[材料] 6人分

ズッキーニ…70g	にんにく…1片
ミニトマト…70g	パンチェッタ…30g
赤玉ねぎ…70g	卵…6個
じゃがいも…100g	塩…小さじ1/2
黒オリーブ…6個	ディル…適量
舞茸…20g	イタリアンパセリ
ホワイトアスパラ	（みじん切り）…適量
…4本	黒コショウ…適量
オリーブオイル	パルミジャーノ・
…大さじ1	レッジャーノ…適宜

[作り方]

1. ズッキーニは1cm角に切り、ミニトマトはくし切り、赤玉ねぎは粗みじん切り、じゃがいもとブラックオリーブは輪切りに、舞茸は適当なサイズに割き、ホワイトアスパラは皮をむいておく。

2. ［HI／250℃］に熱したマジックグリルSにオリーブオイルを引き、潰したにんにく、短冊に切ったパンチェッタを加えてオイルに香りを移す。

3. 2にズッキーニ、赤玉ねぎ、キノコを加えて火を通す。バットに取り出したら、プレートにホワイトアスパラとじゃがいもをのせて焼き目を付けて取り出しておく。

4. ボウルに卵、塩を割り入れかき混ぜる。卵液ができたら1のトマト、3のズッキーニ、赤玉ねぎ、キノコを加えて混ぜ合わせる。

5. ［MID／190℃］にしたマジックグリルに4を加えて箸で混ぜ、半熟状になったら3のじゃがいもをのせ、フタをして蒸し焼きにする。

6. 全体的に火が通ったらスイッチをオフにし、3のアスパラ、ディル、イタリアンパセリ、黒コショウをあしらう。取り分けたら好みでパルミジャーノと塩を振る。

[SPECIFICATIONS]
abien MAGIC GRILL（2022モデル）　本体サイズ：プレート（スタンド込）／約405mm（幅）×305mm（奥行き）×79mm（高さ）　価格：23,980円（税込）
abien MAGIC GRILL S（2022モデル）　本体サイズ：プレート（スタンド込）／約253mm（幅）×246mm（奥行き）×99mm（高さ）　価格：18,480円（税込）

2023年6月25日 初版発行

Publisher
渡邊真人　Masahito Watanabe

Editor in Chief
笹木靖司　Yasushi Sasaki

Editor
ボン島貫　BON Shimanuki

Photographer
加藤史人　Fumito Kato

Stylist
大宮ハヤト　Hayato Omiya

Writer
流山源五朗　Gengoro Nagareyama

Creative Director
鈴木雄一朗　Yuichiro Suzuki
ROOST Inc.

Art Director
渡邊真生子　Maoko Watanabe
ROOST Inc.

DTP Section
大森弘二　Koji Omori
ROOST Inc.

Cook Specialist
ロー・タチバナ　Raw Tachibana

発行
株式会社EDITORS
〒158-0096 東京都世田谷区玉川台2-17-16 2F
☎03-6447-9441（編集）

発売
株式会社二見書房
〒101-8405 東京都千代田区神田三崎町2-18-11
堀内三崎町ビル ☎03-3515-2311（販売）

発行人　渡邊真人
編集人　笹木靖司

印刷・製本 株式会社堀内印刷所
Printed in Japan
Copyright by EDITORS Inc.
ISBN978-4-576-23501-1

悪魔のレシピ

demoniac decadant eggs

卵伝説

料理家PROFILE

ロー・タチバナ

千葉県生まれ。母親が自由奔放すぎたがゆえに、幼少期より自分で料理を作ることに開眼。出版社にて食にまつわる雑誌や書籍を編集者として約500冊手掛けつつも、料理の仕事もしてみたくなってしまい、ひょんなことから騙し討ちのように料理家デビュー。現在は独立し、様々なメディアや広告のクリエイティブディレクター、コピーライターとして活動しながら、料理家として二足のわらじを履く日々。YouTubeをやるやる言い続けているのに全然やらない人。